AF243596

QUELQUES ARGUMENTS

EN FAVEUR DE LA

COLONISATION EUROPÉENNE

EN ALGÉRIE

PAR UN COLON

Prix : 75 centimes.

ALGER

IMPRIMERIE BOUYER, RUE CHARLES-QUINT, 5

1863

QUELQUES ARGUMENTS

EN FAVEUR DE LA

COLONISATION EUROPÉENNE

EN ALGÉRIE.

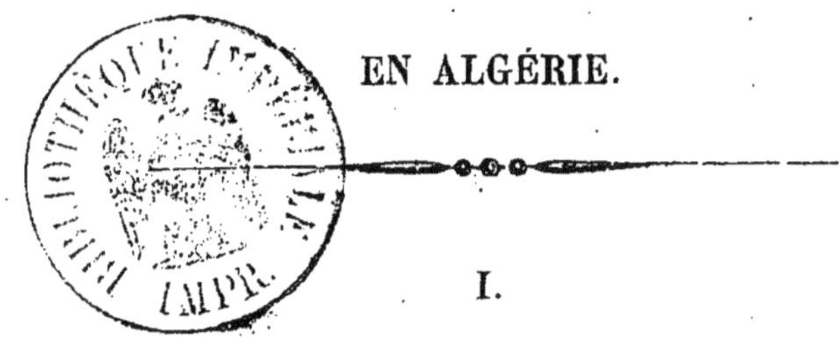

I.

Certaines brochures ont jeté à la face des colons cette injure : qu'ils n'ont encore rien fait en Algérie ; qu'ils sont incapables d'arriver à une colonisation sérieuse, enfin qu'ils sont uniquement des spéculateurs, des agioteurs....

Que pour satisfaire une avidité insatiable, ou une ambition effrénée, on dépasse les bornes de la justice, on viole la sainteté des devoirs, c'est ce qui n'est que trop ordinaire ; mais que l'oubli du sentiment national, que le respect dû à la vérité historique, que l'injustice envers des compatriotes dont le courage et les infortunes méritaient mieux, soient portés à ce point par des Français (si toutefois ce sont des Français), c'est ce qui indigne les vrais colons.

Peu soucieux des intérêts de ces agioteurs qui ont été et sont toujours leurs plus grands ennemis, ils s'étonnent d'avoir été confondus avec eux. — N'est-il pas temps enfin que la vérité se fasse jour, et que son soleil brille pour tout le monde, même pour des colons ?

Qu'il soit permis à un simple colon, étranger aux débats politiques, n'ayant jamais manié la plume, mais plutôt la charrue, d'essayer la défense de ses compagnons de route, non pour rappeler les résultats qu'ils ont conquis (j'en laisse le soin à d'autres), mais pour dire quelques-unes des épreuves qu'ils ont traversées et des obstacles au milieu desquels a grandi leur courage : heureux si de ce faible travail peut résulter quelque lumière utile à la belle cause de ces obscurs et hardis pionniers de la colonisation ! — Mais là ne se borne pas notre tâche.

Nous savons que le Gouvernement impérial veut relever

les indigènes de leur abaissement actuel, pour les placer à la hauteur d'une nation; qu'il veut encore, au risque de dépasser le devoir, qu'aucun soupçon injurieux ne puisse planer sur l'honneur de la France, dans son intervention en Algérie : tel doit être aussi notre désir. Nous nous associons de grand cœur à cette générosité d'idées de l'empereur, et nous y applaudissons. Qu'il soit laissé plus ou moins de terres aux Européens, ce n'est pas ce qui nous inquiéterait, pourvu que le but fût atteint. Mais ce qui nous préoccupe, c'est, avant tout, cet intérêt indigène lui-même qui, bien compris, n'est autre que l'intérêt des colons. C'est ce qui découlera de cet écrit.

Sans doute, l'avenir n'est pas encore engagé dans cette importante question qui, pour être connue, doit être étudiée à fond et sur les lieux. Nous croyons donc que le Gouvernement cherche la vérité. C'est ce qui m'enhardit à ma tâche, convaincu que les hommes de bonne foi et dévoués à la prospérité du pays seront avec moi.

D'abord, en quelques mots, je ramènerai à sa valeur cette colonisation industrielle et commerciale, à laquelle ces écrivains semblent vouloir borner l'activité européenne ; — puis j'examinerai ce qu'il y a de possible, du côté des Arabes, dans cette grande œuvre de leur régénération ; — enfin, abordant l'histoire de la colonisation, nous jugerons par les faits de quoi sont capables les colons français, et si réellement sont mérités les reproches qu'on leur adresse.

I.

D'abord, au sujet de la colonisation industrielle et commerciale, un examen à fond, *de visú*, fera connaître que ce n'est rien moins qu'une déplorable erreur, qui ne supporte pas la discussion. Le contraire approcherait plutôt de la vérité. Nous qui sommes colons, nous savons non-seulement ce que nous avons fait, mais surtout ce que nous pourrions faire. Nous savons aussi ce que savent faire nos voisins les indigènes, avec lesquels nous avons des rapports journaliers incessants. Nous les connaissons donc, et forts de notre supériorité et de notre expérience, nous n'hésitons pas à affirmer qu'ils ne sont et qu'ils ne seront encore de longtemps que de pauvres cultivateurs. Tant que leurs mœurs n'auront pas changé, leurs procédés agricoles ne changeront certes guère.

Ce changement, comment se fera-t-il, si ce n'est par notre intermédiaire, par notre introduction au milieu d'eux ? Or, on veut que, alléchés par les profits que donneraient le commerce et l'industrie, nous allions nous fixer au milieu d'eux ? Mais quel est celui qui se laissera tenter par de tels appâts ? Le piége est pour nous trop grossier. Sera-ce les Français de France ? sera-ce les Européens ? — Encore moins : la perspective n'est pas assez brillante, si l'on songe que le paysan ne s'expatrie qu'en vue de la propriété territoriale ou des gros profits. Je sais bien que les carrières, les fabriques de bouchons, l'exploitation de quelques rares forêts, etc., pourraient donner matière à quelques industries. Mais qu'est-ce que cela pour un champ aussi vaste que l'Algérie ? Et encore, croit-on que l'abstention des Européens laissera à ces industries une situation bien prospère ? — En un mot, avec les seuls Arabes, je ne vois pas encore d'aliment notable au commerce et à l'industrie dans ce pays.

« Mais cela pourra venir, me dira-t-on ; en voici le moyen : constituons la propriété arabe. » — (Très-bien, c'est un point de vérité.) « Et les transactions placeront rapidement les terres entre des mains européennes. » — C'est ici, selon moi, qu'est l'erreur : les Arabes, bien assurés d'être propriétaires, ne vendront pas, ou vendront peu. L'attachement au *douro*, pour eux l'unique propriété du moment, leur caractère bien connu, tout porte à le croire. Puis, quel attrait pourrait amener quelqu'un de nous au milieu d'eux, s'il ne devait pas se fonder de nombreux centres européens ? Peut-être quelques téméraires, quelques aventuriers ; — mais la foule s'éloignerait.

« C'est égal, dira-t-on, pourvu que l'attachement des indigènes à la propriété les fasse arriver au progrès. » Je réponds que l'amour de la propriété est, à la vérité, un mobile de perfectionnement des cultures ; mais à lui seul il ne suffit pas. Il sera annulé par l'absence de besoin des individus, aidée des habitudes et des mœurs traditionnelles et par l'abandon où ils se trouveront dans leurs propriétés, étendues relativement à leurs besoins, abondance qui les portera naturellement à augmenter l'élève du bétail aux dépens des cultures. A quoi cela mènera-t-il ?... Nous voyons poindre à l'horizon de nouvelles plaines de palmiers-nains, de nouveaux champs de broussailles...... Est-ce là le progrès, l'acheminement vers la civilisation ?.........

III.

Que nous dit l'histoire ?

Avant l'invasion arabe, l'Afrique romaine, malgré la

décadence rapide de l'Empire, avait vu le travail esclave se transformer peu à peu et sans secousse, par l'influence du christianisme, en un travail plus libre, plus soumis, plus intelligent. Alors s'étaient multipliées les richesses agricoles ; de vastes défrichements s'étaient faits au nord du Grand-Atlas ; les cités numides s'étaient relevées de leurs ruines et resplendissaient du plus vif éclat. C'est alors que survinrent les hordes vandales... Mais peut-on admettre que ces barbares aient tari toutes les sources de prospérité du pays ? Leur apparition fut-elle autre chose qu'un passage ? Puis, dans la question qui nous occupe, il ne dépendait pas d'eux d'amener immédiatement la stérilité, de la fixer. Ils ne pouvaient, par exemple, changer des terres bien cultivées en steppes incultivables, ni les plaines arrosées en marécages.

L'histoire nous apprend, au contraire, que les Arabes venus après eux se sont élevés à un assez haut degré de prospérité. Elle nous parle de leurs succès agricoles, mais non de leurs travaux de défrichement, qui sont la réelle appropriation du sol, la vraie conquête du travail. Ce peuple intelligent, après s'être emparé des terres des vaincus, avait su tirer parti des richesses naturelles du sol, ou conquises avant eux, de l'endiguement, du barrage des rivières, de la fertilité acquise à ces belles plaines par de longues années d'inculture. La race indigène, qui n'était pas éteinte, leur avait appris à cultiver le lin, le coton, la canne, et toutes ces riches cultures qui ont fait leur fortune et ont amené chez eux, avec l'aisance, le développement des lettres, des sciences et des arts.

En Espagne, il en a été de même ; de plus, des monuments admirables qui leur sont attribués ont porté haut le renom de leur civilisation au moyen âge. Ce peuple, aux traditions poétiques et patriarcales, sut s'élever à la hauteur d'un brillant passé, en cela bien différent des autres barbares qui envahirent l'empire romain.

Mais ne nous laissons pas trop éblouir. Avant leur arrivée, le pays avait été admirablement cultivé. Les Visigoths ne s'étaient pas comportés comme les Vandales avec leur conquête. Malgré des mœurs plutôt pastorales que réellement agricoles, ils avaient fini par se laisser gagner par un beau climat, par la richesse de terres fertiles et bien entretenues, et ils s'étaient joints à l'habileté des vaincus pour en tirer parti. Les Arabes furent donc loin de trouver là un pays ruiné et sans ressources. Par l'histoire, en effet, nous savons que les peuples de la péninsule hispanique ont été, à toutes les époques, très-versés dans les arts agricoles et industriels, depuis les temps anciens, où leur histoire nous apparaît cachée sous les fictions des poètes, bien avant l'apparition des Phéniciens et des Carthaginois. C'est de ce long héritage de prospérité qu'héritèrent les Arabes.

Dans cette question du règne de la civilisation arabe, on oublie trop facilement les beaux et gigantesques travaux d'art des anciens, que des vestiges multipliés partout devraient pourtant nous rappeler. Leurs livres, qui auraient pu nous instruire là-dessus, ne sont qu'en très-petit nombre parvenus jusqu'à nous; ils ont presque tous disparu dans le grand cataclysme des invasions des barbares, et entr'autres dans la destruction de la fameuse bibliothèque d'Alexandrie, par le calife Omar. Ne serait-il pas naturel de penser que beaucoup de ces travaux attribués aux Maures d'Espagne, mais dont l'époque de la construction est inconnue, pourraient bien être plus anciens *?

Quoi qu'il en soit, à ce peuple n'en revient pas moins l'honneur d'avoir conservé, rallumé en Espagne le flambeau de la civilisation littéraire et scientifique, dont tant d'autres hordes, uniquement guerrières, ne se souciaient pas. Mais ces magnifiques monuments, quand même un certain nombre serait d'eux, n'étaient-ils pas un reste, un dernier souffle du génie romain, souffle créateur encore dans son agonie? Cette civilisation, était-ce autre chose qu'une civilisation d'emprunt, ne s'appuyant sur rien de solide? En effet, les principes de l'Islam sont impuissants à fonder la vraie grandeur des nations, la grandeur durable. Aussi ce peuple, après avoir jeté un vif éclat au moyen âge, s'affaissa tellement sur lui-même qu'il a fini par disparaître comme nation, sans avoir pu se relever; et si nous ajoutons qu'il y a même, dans sa pauvre organisation, telle que nous l'avons trouvée, tendance à une plus profonde dégradation, alors on comprendra combien est grand le bienfait de la France, lui tendant sa main providentielle pour le relever et l'appeler à elle.

---

* Vitruve, livre VIII, chap. VII (*quot modis ducuntur aquæ*), fait la description de longs aqueducs souterrains, passant sous le lit des rivières, dont on se servait pour l'arrosage sous les Romains, et on y remarque une ressemblance de détails si frappante avec ce magnifique aqueduc en syphon, *l'acequia de Castellon*, qui de nos jours sert encore à l'arrosage des huertas de Valence, qu'on est porté à révoquer en doute l'authenticité mauresque de ce beau travail.

IV.

Reportons nos regards sur la situation actuelle de l'Algérie. Que voyons-nous dans son agriculture? L'improduction de la majorité du sol, d'immenses forêts de broussailles, des marais partout. Maintenant, si nous examinons de près, nous reconnaîtrons que cette belle contrée, si florissante sous Constantin, qui l'appelait la nourrice de l'Italie, n'a été amenée à cet état d'appauvrissement que peu à peu, et un observateur attentif trouverait certainement que, au moyen du système arabe, son sol pourrait devenir plus improductif encore.

Prenons, pour fixer nos idées, une terre nette et en culture. — L'épuisement laissé à la terre par plusieurs récoltes de céréales obligera le cultivateur à la remettre en pacage. C'est alors que naîtront çà et là de jeunes arbres dont la végétation herbacée servira d'abord de pâture aux bestiaux, mais sans qu'ils périssent tous sous leur dent. Puis, quand, au bout de quelques années, la charrue vient bouleverser les gazons, ces arbustes sont généralement respectés; car l'indigène se contente, quand ils ont pris quelque développement, d'en raser les branches au niveau du sol. C'est ainsi qu'avec le temps vous verrez cette plaine, où, dès ce moment, vous n'apercevez encore que quelques touffes éparses, devenir un épais fourré. — Si vous portez ailleurs vos regards rétrospectifs, vous pouvez encore vous figurer comment ces marécages, que nous avons aujourd'hui à faire disparaître, se sont formés par l'absence d'entretien des barrages et des canaux. C'est ainsi que la stérilité a remplacé l'abondance, et qu'avec la décroissance de la prospérité matérielle, le niveau intellectuel est descendu si bas chez ce peuple.

On dira que c'est l'œuvre des Turcs. Je ne nie pas leur influence pernicieuse; mais elle ne pouvait abaisser entièrement une nation qui eût été riche et prospère. La décadence avait depuis longtemps commencé avec leur vicieux système pastoral. Pourquoi, par exemple, les populations chrétiennes du Liban ont-elles, malgré la domination turque, conservé leurs habitudes industrieuses et agricoles? Et sans aller chercher si loin, les Kabyles, qui ne sont pas d'origine arabe, ne se trouvent-ils pas, malgré l'exiguïté et l'âpreté de leur sol, beaucoup plus avancés que leurs voisins mieux partagés?

On dira qu'ils ont été plus subjugués. Mais le fait d'une subjection complète et durable ne fait qu'impliquer une certaine infériorité morale comme peuple, ou du moins un vice dans les principes sur lesquels s'appuie cette société.

De l'examen de ce qui précède, nous avons pu tirer cette conviction : que ce n'est que successivement et par l'œuvre des siècles que cette magnifique plage africaine est devenue ce qu'elle est aujourd'hui. — Et cette autre : qu'il ne serait pas impossible qu'en laissant les habitudes indigènes suivre leur pente naturelle, on pût descendre plus bas encore.

Comment faire pour empêcher un tel résultat, pour amener au contraire le progrès ? L'emploi des moyens coercitifs est condamné par notre civilisation. — On fera peut-être des réglementations destinées à sauvegarder l'avenir. Mais de quelle manière les concilier avec la reconnaissance de la propriété, qui est le droit d'user et d'abuser ? En vain j'examine et j'étudie, appelant à mon aide toutes les lumières à ma portée, je n'aperçois d'autre moyen de progrès que dans un changement de mœurs, commencé ou du moins préparé dès aujourd'hui. Et cela ne se fera que par la colonisation agricole, c'est-à-dire en appelant à cultiver, à côté des indigènes, une population européenne assez nombreuse pour amener, par son contact journalier et multiplié, une modification si désirable, pour ces derniers d'abord, pour nous ensuite, et définitivement pour la prospérité de tous.

Mais, dira-t-on, c'est contredire les termes de la lettre impériale, qui réserve aux Européens la colonisation industrielle. — Point du tout. Qu'il me soit permis de le dire avec tout le respect dû à la parole du Souverain : ceci m'en paraît au contraire découler. En effet, les agriculteurs ne savent-ils pas que les cultures industrielles, qui veulent des terres riches et des engrais abondants, ne peuvent se faire sans le moyen des autres ? Car, sans céréales ni prairies, point de bétail, point d'engrais : c'est un axiôme vulgaire. Et l'extension des premières, auxquelles sont appelés les Européens, doit être accompagnée du développement des autres. — Dès lors, quel vaste champ réservé à l'avenir de la colonisation européenne ! Et, au lieu de s'effrayer des termes de la lettre de l'Empereur, combien sa sollicitude pour les colons doit être l'objet de leur reconnaissance ! Et cette idée de *Royaume arabe* qu'est-elle, sinon l'expression d'un esprit d'équité, de justice, jaloux de la gloire réservée à la France ! Qu'est-elle, sinon un appel à de meilleurs sentiments, à plus de pitié et de générosité ! un appel adressé à tous !

Donc, loin de nous toute pensée d'amertume contre ce peuple aujourd'hui à nos pieds. Ce n'est pas dans notre loi qu'est inscrite la peine du talion ; et il ne nous appartient pas de lui rendre haine pour haine, humiliation pour humiliation. Fidèles à notre mission de *rédempteurs*, nous lui devons, au contraire, une vive sympathie, non à cause de ses mérites réels, mais à cause de sa profonde misère et de son ignorance. Avec les qualités qu'il a encore conservées dans son naufrage, on pourrait en faire une nation destinée à briller plus tard. Pour ramener ce pays à sa splendeur d'autrefois, il faut une autre inspiration, une sève bien autrement vivifiante. J'ai nommé le génie de notre nation mûri aux feux du christianisme.

V.

Mais certains esprits, peu français, sont venus dire que nous sommes inhabiles à coloniser, se fondant à la fois sur l'inaptitude physique et sur la mobilité et l'inconstance du caractère national. D'abord, la base de leur assertion est plus que hasardée. Puis, n'avons-nous pas l'histoire qui proclame que de tous temps, à toutes les époques, le Français a possédé éminemment cette aptitude qu'on lui refuse ? Je ne m'étendrai pas sur l'énumération des nombreuses colonies dont les Celtes ou Gaulois, nos ancêtres, ont couvert les rives du Danube, l'Illyrie, la Pannonie et la Thrace, l'Asie-Mineure toute entière où ils régnaient en souverains après avoir fondé le royaume de Galatie ou Gallo-Grèce, l'Italie septentrionale ou Gaule cisalpine des Romains, l'Etrurie, etc. Ces colonies, ils les auraient portées jusqu'à Rome, par eux prise et saccagée, et au delà peut-être, s'ils n'avaient rencontré un obstacle insurmontable à leur valeur guerrière dans la discipline des légions romaines et dans l'habileté de cette jeune et forte république, à laquelle était réservé l'empire du monde. — Des temps anciens, passons au moyen âge, et nous remarquerons que le nom de Français ou Franc est, depuis les Croisades, devenu, en Orient, le synonyme de latin ou chrétien, preuve de la trace profonde que notre nation a laissée à la suite de ces gigantesques entreprises. — Si, enfin, nous puisons à la source des temps modernes, que voyons-nous ? Saint-Domingue, le Canada, la Louisiane, les Indes, etc., par nous colonisés, n'apportent-ils pas à notre cause un dernier argument irréfutable ? Toutes ces colonies ne témoignent-elles pas que le génie français, très-expansif de sa nature, sait se créer partout de nouveaux foyers, et cela mieux qu'aucune autre nation ? Car on l'a dit non sans raison : les idées, les goûts, les habitudes, l'esprit français règnent encore dans ces contrées dont bien des années déjà nous ont séparés. Pourrait-on en dire autant d'aucune colonie des autres peuples ? Si l'histoire du moyen âge et des temps modernes ne nous en dit pas davantage sur ce sujet, reportons-en la cause à ces longues luttes de toutes sortes qui ont si longtemps occupé à l'intérieur l'activité française : luttes de la féodalité, luttes religieuses, enfin ces luttes mémorables qui ont amené la révolution française, l'ère de la liberté.

Conclusion : le colon français s'implante partout et s'implante fortement.

VI.

Voyons maintenant si la colonisation de l'Algérie a fait jusqu'aujourd'hui mentir à cette expérience de tous les temps. — Nous sommes d'abord frappés de cet esprit de réglementation universelle, de cette ingérance de l'administration en tout, jusque dans les affaires privées, et nous voyons avec douleur combien un pareil ordre de choses a apporté d'obstacles à la colonisation, qu'on prétendait créer, qu'on croyait soutenir, et qu'on ne faisait que gêner. C'est un bonheur qu'aujourd'hui, enfin, on le reconnaisse. Jetons les yeux sur quelques traits saillants de cette histoire, et voyons quelles sont les difficultés qui ont entravé la marche victorieuse de cette grande entreprise.

Qui ne sait l'enthousiasme qui, après la conquête d'Alger, s'était emparé des premiers colons ? Répondant à l'appel de la France, ils entreprenaient hardiment, sous son égide, l'œuvre de la régénération du peuple arabe, avec lequel se nouaient les premières relations de commerce et surtout de culture. Qui ne se rappelle combien de belles promesses d'avenir se sont vite évanouies par l'insurrection de 1839, qui amena la ruine de ces colons, qui auraient au moins voulu défendre leurs fermes, leur bétail, toute leur fortune en un mot, mais que des ordres impitoyables réduisirent à une déplorable retraite ? On ne savait pas encore, à ce moment, que quelques soldats français munis de provisions de guerre et s'enfermant avec les colons et leur personnel dans ces fermes entourées de murs, suffisaient à les défendre contre des nuées d'Arabes. Grand fut le découragement à la suite de ces désastres. Qui aurait eu alors le courage, lorsqu'on eut refoulé l'ennemi, d'aller de nouveau se fixer sur ce sol, fumant encore de l'incendie des fermes et du sang des victimes d'une guerre qui n'était pas finie, et qui se poursuivait dans l'intérieur ? Quelques-uns l'eurent ce courage ; c'étaient des colons... Mais on comprenait alors qu'il n'y avait pas trop à se fier à la bonne foi de ces indigènes, auxquels on avait tendu une main amie avec toute la confiance que donne la force unie à la loyauté. L'insurrection de 1839 devait longtemps peser sur les destinées de la colonie.

La sécurité manquait, et les capitaux s'éloignaient. Combien de temps cela devait-il durer ?... D'autres causes, d'autres fautes venant de l'administration devaient empêcher la situation de s'améliorer, et retarder un revirement désirable. Mais s'il est vrai, comme on aimerait à le croire, qu'en ce moment se prépare une réaction par l'initiative des grandes compagnies cotonnières, et si les nouvelles mesures qui sont à l'étude doivent nous apporter la stabilisation du pays et faciliter davantage la marche vers le progrès, saluons avec reconnaissance cette ère nouvelle, et souhaitons-lui la bienvenue. Retournons à notre sujet.

Seuls, par la désertion des capitaux, les colons restaient debout sur la brèche : l'attrait d'un beau climat les retenait, et avec un courage inébranlable, ils reprenaient l'œuvre commencée. Mais ruinés et sans ressource pour la plupart, que pouvaient-ils faire ? Ils luttaient contre bien des difficultés, et ils ont longtemps lutté, disputant le terrain pied à pied, et sans se laisser abattre.....

Et pourtant, le commerce était dans l'enfance, les produits agricoles ne se vendaient pas. Les colons ne pouvaient faire admettre leurs foins par l'administration des subsistances militaires qu'avec des peines infinies et à un taux qui ne·les indemnisait pas ; de plus, il fallait pactiser avec les employés inférieurs : ainsi le voulait la plus dure des nécessités. Ce produit naturel du sol algérien était, malgré son excellente qualité, déprécié par une incroyable tactique, et on allait ailleurs, à l'étranger, acheter des foins à un prix double et qui valaient moins. — Le blé ne se vendait pas mieux. L'administration ne le payait que quinze francs (encore n'était-ce qu'aux privilégiés), lorsqu'en France il en valait vingt-cinq. Les droits de douane étaient une barrière qui avilissait les prix *.

---

* Voir les détails dans l'*Histoire de la colonisation*, par M. L. de Baudicourt.

VII.

Cependant les colons avaient à pourvoir à leurs besoins matériels et à ceux de leur famille ; le jardin ou le petit champ défriché n'y pouvaient suffire seuls. Il fallait faire de l'argent pour se procurer bien des objets de première nécessité, que ne soupçonnent pas nos paysans d'Europe. Il fallait du café, du sucre, du vin aux repas dans l'ardente saison ; des vêtements, etc. Ce qui était un moyen de richesse, un aliment à l'industrie métropolitaine ou étrangère, était pour le colon un besoin dont la non-satisfaction le plongeait dans la misère : c'était une source de maladies. — L'*acclimatation* détermina aussi quelques fièvres qui s'agravaient sous l'influence des miasmes paludéens que dégageaient les premiers travaux d'assainissement des plaines. En présence d'un adversaire si redoutable, qui vient briser toute l'énergie de l'homme, serait-il juste d'accuser le colon d'avoir été l'artisan de son malheur, quand la faute en est toute entière à l'administration, qui le plaçait aussi témérairement dans ces tristes localités ? Ne fallait-il pas auparavant établir la salubrité ! — N'accusez pas ici la race d'avoir été difficile à s'acclimater. Contre l'ardeur climatérique, contre la fièvre, l'indigène lui-même ne se montre pas plus aguerri que le colon. On pourrait même ajouter qu'il l'est moins, si l'on réfléchit qu'il fait à peine moitié de travail que ce dernier, et que sa vaillance si vantée n'a pu encore s'élever jusqu'au dur labeur du défrichement. Tous les cultivateurs savent cela en Algérie. — Et pourtant, à l'avantage de l'acclimatation acquise, il ajoute l'expérience du pays, de son climat, des procédés de culture qui lui sont propres, ce qui manquait alors au colon ; autre obstacle au succès et avec lequel il a dû compter. L'expérience, il a fallu l'acheter au prix de bien de déceptions, au prix de ses sueurs et de sa vie.....

En ce moment, l'Etat se faisait *entrepreneur de colonisation* et fondait les premiers villages. L'administration militaire avait aussi les siens. Disposant de plus grandes ressources que l'administration civile, il lui était plus facile de mener à mieux ses entreprises. Mais le travail en commun, l'absence de libertés individuelles qui en faisaient trop souvent le fond, la position stratégique qui était plus recherchée que les convenances agricoles ou économiques, tout cela ne pouvait amener à un avenir

de prospérité, malgré les sommes énormes prélevées sur
le budget de la guerre. Veut-on voir l'emploi que d'un
autre côté on faisait des trésors de la France ? En voici
un exemple :

La République venait de remplacer une Royauté qui
n'avait pas su conserver la confiance de la nation. Allait-
on entrer dans une meilleure voie ? C'est ce que se de-
mandaient les hommes dévoués à l'Algérie. Mais les ébran-
lements de la politique pouvaient-ils raffermir la colonie
en souffrance ? Embarrassée d'un certain nombre d'ou-
vriers parisiens, l'Assemblée nationale jeta les jeux sur
l'Algérie, et ne trouva rien de mieux que de faire des colons avec ces hommes, dont la plupart ne savaient ce que
c'est que terre, culture ou blé ; 50 millions furent des-
tinés à l'œuvre colonisatrice. On leur fit des avances de
toute sorte, vivres, bestiaux, instruments de culture, etc.
Malgré ces prodigalités que les Parisiens regardaient
comme la juste récompense de leurs services envers la
patrie, ils ne surent apprendre à cultiver. N'était-il pas
plus digne d'eux de prêcher à leurs voisins les grandes
idées de la République démocratique ? Ces malheureux ne
tardèrent pas à épuiser leurs dernières ressources, puis
à succomber par masses, de maladie et de misère, ven-
dant leurs concessions à vils prix.

Dans les périodes qui ont suivi, lorsqu'on examine en
détail de quelle manière se sont formés les autres centres de colonisation, villages de création militaire, villages de création civile, villages des compagnies, on remarque ceci : c'est que le hasard ou l'inexpérience, l'i-
gnorance des exigences agricoles, la faveur, les brigues,
ont présidé bien souvent à ces importantes opérations.
On faisait appel aux cultivateurs de France, et les terres
n'étaient pas prêtes pour les recevoir. Ces familles atten-
daient des mois, des années entières quelquefois, consom-
mant ainsi une partie de leur petit pécule, sinon le tout.
Généralement placés au milieu des marais, des broussailles, des palmiers-nains, sur des terrains arides ou mal-
sains, souvent sans eau potable que l'eau croupie et in-
fecte, que pouvaient faire ces hommes inexpérimentés,
dont beaucoup n'étaient pas cultivateurs, dans de pareilles
conditions, où de bons agriculteurs n'auraient pu s'en tirer ? Si nous ajoutons que les hommes auxquels était laissé
le soin d'installer cette population n'étaient pas toujours
à la hauteur de la mission qui leur était confiée, alors
est-il permis de s'étonner qu'une pareille colonisation
n'ait pas réussi, et de ce que le budget de la France ait
été prodigué stérilement ? Il n'en faut pas accuser les co-

lons : ils subissaient leur destinée, et payaient un tribut bien amer aux maladies, aux misères, à la mort.

VIII.

Ce n'est pas le lieu de récriminer contre les diverses administrations qui se sont succédées rapidement à la tête du pays. Elles n'avaient pas le temps souvent d'étudier les questions, encore moins celui de trouver un plan rationnel ; et l'eût-on trouvé, qu'il aurait fallu le faire approuver, le temps d'en montrer la bonté : chose impossible dans la situation. Le mal est venu de plus haut ; car toujours on a cru pouvoir de Paris diriger les affaires de l'Algérie, prétention qui nous paraît absurde dans une colonie, où tout est à connaître, afin de créer.

Le simple bon sens n'indique-t-il pas que c'est, les yeux sur le terrain, et dirigés avec une attention soutenue et persévérante, qu'on peut découvrir les exigences d'une situation ; que par conséquent une administration locale est seule en position d'étudier, de comprendre les intérêts si variés d'un pays neuf ?

Or, si les particuliers sont seuls à même de comprendre leurs intérêts propres dont la réunion forme les intérêts généraux, qui ne sont autres que les intérêts métropolitains eux-mêmes, pourquoi ne pas les appeler, dès aujourd'hui, à nommer des représentants chargés d'appuyer leurs vœux, de défendre leurs intérêts ? Pourquoi, instruits par les leçons d'un triste passé, ne s'empresse-t-on pas d'élever cet édifice d'une sage liberté, s'exerçant par la nomination d'une représentation locale, et des conseils généraux et municipaux ? C'est ainsi seulement que se fera la lumière qui doit éclairer la marche de la colonisation.

Je ne m'engagerai pas dans une question si grave, et qui sort de la tâche que je me suis tracée, laissant à d'autres le soin de prouver que sans libertés les colonies ne peuvent arriver à bien : système qu'après bien des tâtonnements, la Grande-Bretagne a bien compris, et qui lui réussit.

Si les colons avaient pu mettre la main à leurs affaires, il est assez naturel de supposer que les dépenses de l'impôt auraient été mieux réparties. Pour nous cela ne fait pas doute. On serait allé au nécessaire, avant de songer à l'accessoire ou au luxe ; et les besoins les plus urgents de la colonisation auraient été les premiers satisfaits. Car la prospérité de l'agriculture n'est-elle pas la base des au-

tres ? Si c'est une vérité en tous pays, à plus forte raison
en Algérie. C'est donc à la fonder qu'auraient tendu les
efforts communs. Aujourd'hui, sans doute, on ne verrait
plus ces marais qui, aux portes d'Alger même, versent
encore le poison sur leurs malheureux habitants ; des canaux de desséchement achèveraient de sillonner nos plaines marécageuses ; on réparerait avec plus de soin les anciens menaçant de devenir de nouveaux foyers d'infec-
tion. Il disparaîtrait aussi ce terrible fléau des inondations
dont la fréquence semble augmenter avec les années, ap-
portant dans cette belle plaine, qui pourrait devenir le
jardin d'Alger, la dévastation des récoltes et des trou-
peaux ; car des barrages construits dans les ravins des
montagnes arrêteraient l'excès des eaux, et viendraient
encore fertiliser ces pentes si arides dans les chaleurs. La
création, l'entretien des routes, et bien d'autres travaux
publics, de première nécessité, amèneraient de tous côtés
la fertilité, la salubrité, la sécurité agricole enfin, qui fait
encore défaut à l'Algérie sur bien des points. Et c'est ce
qui la déprécie.

Laissez-moi encore, avant de terminer cette petite
étude, rappeler ici une de ces déceptions dont les colons ont été si souvent victimes. Qui, en Algérie, ne con-
naît la conduite regrettable de l'administration des tabacs
à l'égard des planteurs, et comment, après avoir fait le
plus grand éloge de la qualité des tabacs cultivés alors, de
ceux de Boufarik en particulier (ses circulaires en font
foi), elle est arrivée à les repousser tout-à-coup, comme
grossiers ? Encore, si ceci n'avait amené que la chute de
cette culture industrielle (qui n'est, espérons-le, qu'une
éclipse momentanée), le mal produit pour avoir poussé
les planteurs dans une mauvaise voie, n'aurait été que de-
mi-mal ; du moins leur bourse n'aurait subi qu'une faible
atteinte, et ils auraient pu porter ailleurs leur activité.
Mais cela ne s'est pas passé ainsi. Les colons, voyant les
encouragements qui leur étaient donnés, augmentaient
leurs plantations, construisaient des séchoirs, et mettaient
à cela toutes leurs ressources : ils avaient recours au cré-
dit. Qui alors aurait songé à les taxer d'imprudence ? La
sécurité d'un tel produit paraissait complète. Mais voilà
qu'un jour la direction des tabacs trouve que les tabacs
algériens sont payés trop cher ; et sans prévenir les planteurs, au moment des livraisons, elle n'en offre plus que
moitié prix des années précédentes. Qu'est-il résulté
d'une semblable conduite ? Comme le commerce n'existe
pas encore à Alger sur cette matière, dont la Régie a par
conséquent le monopole, les planteurs ont dû passer
par ces exigences subites. Tous ont été gravement at-

teints, beaucoup ruinés. Si nous étions dans une mauvaise voie, pourquoi donc nous y a-t-on encouragé jusqu'au jour fatal ? Ce n'est pas à des agriculteurs qu'on viendra dire qu'ils devaient bien savoir que la Régie ne pourrait toujours maintenir les prix du moment ! « Ceci dépasse notre compétence, répondront-ils, et nous avions la foi. » — Il ne m'appartient pas de caractériser ce fait, qui n'est certes pas de nature à avoir avancé la colonisation.

Je ne veux pas parler des entraves apportées, en tant de circonstances, à la colonisation par l'administration militaire. Pourquoi réveiller le souvenir d'anciennes querelles, ranimer une lutte aujourd'hui éteinte, ou, du moins, que le dévouement du Gouverneur général actuel cherche à étouffer dans les étreintes de sa gloire et sous la puissance que donne la haute supériorité des talents ?

IX.

Quand on a passé en revue l'histoire de la colonisation dans ses détails, dont j'ai esquissé à peine quelques traits, on est profondément frappé de ces deux faits qui ont dominé dans son établissement : D'abord le manque d'intelligence de la question, de la part de l'administration, qui se caractérise par l'instabilité, l'absence d'unité de vues et le manque d'esprit de suite ; d'un autre côté, on reste frappé des obstacles sans nombre qu'ont rencontrés les colons. On demeure alors surpris que cette grande œuvre ait pu, non-seulement ne pas être enrayée, mais qu'elle ait au contraire toujours progressé, pour arriver au point où elle est maintenant.

Pour ne parler que de ces dernières années, il est à remarquer que ces revers essuyés par les planteurs de tabac ont coïncidé avec une succession de deux très-mauvaises et exceptionnelles années. N'est-il pas admirable que ces crises multipliées n'aient pu imprimer un temps d'arrêt à la colonisation, et que, sans perdre courage, les colons se remettent toujours à l'œuvre ? Ne sont-ce pas là bien des preuves, ajoutées les unes aux autres, que la *colonisation est ce qu'il y a de plus vivace ?* N'y a-t-il pas même quelque chose au-dessus des forces humaines dans sa marche ascensionnelle malgré les obstacles ?

Mon intention n'est pas de m'étendre sur les résultats acquis par la colonisation. D'autres plus instruits que moi les ont déjà indiqués ou les feront connaître. Ils sont immenses ; aveugle ou de mauvaise foi serait celui qui les nierait. Notre devoir à tous, en ce moment, doit être un cri de ralliement pour la défense des intérêts communs, menacés par des cabales perfides. Arrière donc l'esprit de parti, et le patriotisme avant tout !

Il y a place pour tous : à chacun sa sphère. A l'armée qui a su préparer le progrès, à l'armée la noble tâche de veiller à la défense du pays, au maintien de la sécurité. Voilà sa manière de coloniser ; voilà le devoir auquel nous savons qu'elle ne faillira pas. Qu'on ne vienne pas dire que l'armée seule peut dominer les indigènes : ce serait nier les grands services qu'elle a rendus jusqu'à ce jour. A l'administration civile le soin de soutenir les efforts libres des colons, d'appeler les Arabes à la civilisation et au progrès.

L'armée s'est trop souvent mise en cause dans ces stériles débats qui ont trop longtemps agité les esprits, et qui ne peuvent être issus que de misérables partis, de flétrissantes coteries. Aujourd'hui, nous aimons à le croire, on fera justice de ces insignifiantes qualifications : parti militaire, parti civil. On comprendra qu'on pourrait ainsi perdre la meilleure des causes. C'est ce que désirent les vrais colons, qui préfèrent se reporter à cette parole d'espoir, tombée d'une bouche autorisée et aimée dans la colonie pour son dévouement à ses intérêts.

Mais au moment où les principes de paix et de concorde paraissent descendre des sommets du pouvoir aux rangs inférieurs, voilà qu'une conspiration, ourdie dans l'ombre, est venue se démasquer, menaçant de renverser les promesses de l'avenir. Elle avait espéré surprendre la religion de nos juges, surprendre l'opinion. Mais ne nous en effrayons pas. Confions-nous à la magnanimité de l'Empereur d'abord, puis à l'opinion, aujourd'hui la première des forces ; l'opinion aura le temps de se joindre à nous. Mieux éclairée, elle ne saurait séparer notre cause de celle de l'indigène, de la France et de la justice.

Courage donc, colons de l'Algérie ! Le bien peut résulter du mal. La brusque épreuve que traverse en ce moment la cause algérienne est sans doute un fait providentiel qui doit amener à la faire mieux connaître à la France, à la faire apprécier à sa valeur. Rassurons-nous donc. Ainsi que le disait dernièrement une voix éloquente et vénérée, le moment n'est pas encore venu ; il ne viendra pas.

Alger.— Imprimerie Bouyer.